AF312287

Collection de **M. MINOT**

de Saint-Jean-d'Angély

OBJETS D'ART

D'AMEUBLEMENT

TABLEAUX

40 TAPISSERIES

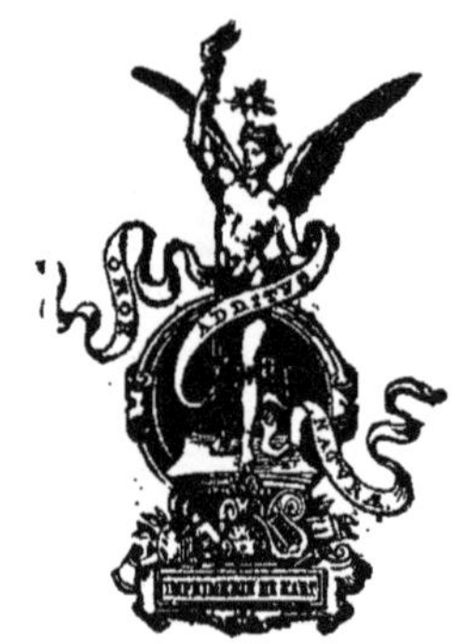

IMPRIMERIE DE MAME

CATALOGUE

DES

40 TAPISSERIES ANCIENNES

Étoffes

OBJETS D'ART

Bijoux, Émaux, Miniatures, Objets de vitrine
Armes, Bronzes, Fers, Bois sculptés, Ivoires

BEAU DEVANT DE COFFRE DU XV° SIÈCLE

Porcelaines, Faïences, Terres émaillées

TABLEAUX ANCIENS

Triomphe de Silène, par Carle Van Loo
Portraits, par Largillière
Jolie Gouache de Willem Baur
Pastels, Dessins, Gravures, Manuscrits, Livres

MEUBLES ANCIENS

Sièges couverts en tapisserie, Pendules et bronzes d'ameublement
Curiosités diverses

Le tout composant la Collection de M. MINOT, de Saint-Jean d'Angély

ET DONT LA VENTE AURA LIEU

HOTEL DROUOT, SALLE N° 1

Les Lundi 25 et Mardi 26 Avril 1887

A DEUX HEURES

COMMISSAIRE-PRISEUR

Mᵉ PAUL CHEVALLIER, 10, rue de la Grange-Batelière, 10

EXPERTS

M. CHARLES MANNHEIM	M. E. FÉRAL
7, rue Saint-Georges, 7	54, rue du Faubourg-Montmartre, 54

EXPOSITION PUBLIQUE

Le Dimanche 24 Avril 1887, de 1 heure à 5 heures 1/2

CONDITIONS DE LA VENTE

Elle sera faite au comptant.

Les acquéreurs payeront en sus des enchères *cinq pour cent*, applicables aux frais.

L'exposition mettant le public à même de se rendre compte de l'état des objets, il ne sera admis aucune réclamation une fois l'adjudication prononcée.

ORDRE DES VACATIONS

Le Lundi 25 Avril 1887.

Porcelaines, Faïences, Terres émaillées, Manuscrits, Livres, Bijoux, Émaux, Miniatures, Objets de vitrine, Objets variés, Armes, Tapisseries.

Le Mardi 26 Avril 1887.

Gravures, Dessins, Pastels, Gouaches, Tableaux, Sculptures, Pendules, Bronzes d'ameublement, Meubles, Sièges, Fin des Tapisseries, Étoffes.

Paris. Imp. de l'Art. E. Ménard et J. Augry, 41, rue de la Victoire.

DÉSIGNATION DES OBJETS

TABLEAUX

BOUCHER (École de)

1 — *Les Petits Moissonneurs.*

Enfants et fleurs.

Deux tableaux

BRAND (Chrétien)

2 — *Bohémiens au bord de la mer.*

COYPEL (Ant.)

3 — *Le Printemps, l'Été et l'Automne.*

Trois tableaux.

DESPORTES (École de)

4 — *Chat dans un garde-manger.*

5 — *Jambon et pichet en faïence.*

DOW (D'après Gérard)

6 — *L'Arracheur de dents.*

DYCK (École de Van)

7 — *Portrait d'un sculpteur.*

> Représenté à mi-corps, drapé dans un ample manteau noir, occupé à modeler un buste posé sur une table devant lui.
> Cadre ancien en bois sculpté.
>
> Haut., 1 mètre ; larg,, 80 cent.

ÉCOLE FLAMANDE (Fin du xvᵉ siècle)

8 — *La Vierge et l'Enfant Jésus tenant une poire.*

> Charmant petit tableau, d'une exécution très fine.
> Beau cadre sculpté et doré.

HOLBEIN (Attribué à)

9 — *Portrait d'homme.*

A barbe blonde, bonnet et vêtement noirs.
En buste, de face.

HYRE (Laurent de la)

10 — *Jupiter sous la figure de Diane séduit Calisto.*

Toile. Haut., 89 cent.; larg., 1 m. 16 cent.

LARGILLIÈRE (Nicolas de)

11 — *Portrait d'homme.*

Représenté en buste, de trois quarts, tourné vers
la gauche, longue perruque brune, bouclée; manteau
de velours pourpre doublé de soie jaune à ramages,
chemise garnie de dentelles.

Beau portrait de l'artiste, d'une exécution très
remarquable.

Toile. Haut., 82 cent.; larg., 65 cent.

LARGILLIÈRE (Nicolas de)

12 — *Portrait de femme.*

> Pendant du précédent.
> En buste, de trois quarts tournée vers la droite,
> les cheveux relevés et bouclés avec tresses descen-
> dant sur les épaules ; elle porte un costume de
> velours bleu enrichi de broderies d'or.
>
> Toile. Haut., 82 cent.; larg., 65 cent.

LÉPICIÉ (Attribué à)

13 — *Portrait de jeune villageoise.*

LOO (Carle Van)

14 — *Le Triomphe de Silène.*

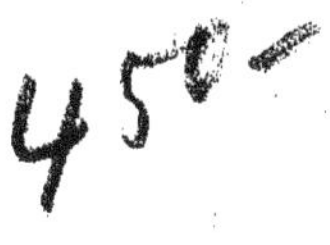

> Vêtu d'une peau de panthère et d'un manteau de
> pourpre, assis sur un tonneau, entouré de faunes et
> d'un amour qui lui soutient le pied, Silène tend
> sa coupe à une bacchante qui y verse le vin d'une
> amphore dorée.
> Agréable composition de six figures à mi-corps,
> grandeur nature. A été gravée par L. Lempereur.
>
> Haut., 1 m. 30 cent.; larg., 1 m. 60 cent.

LOO (École de Van)

15 — *Portrait de Louis XV, en buste.*

MIGNARD (Attribué à)

16 — *Portrait présumé d'Anne d'Autriche.*

Toile ovale.

MILÉ (Francisque)

17 — *Paysage italien, avec cours d'eau.*

MILÉ (Fr.)

18 — *Paysage italien avec marche de bestiaux.*

NATTIER (J. M.)

19 — *Psyché et l'Amour.*

Elle est assise sur le bord du lit, tenant une lampe, et s'efforce de retenir l'Amour qui se dispose à prendre son vol. La scène est éclairée par la lueur de la lampe.

Toile. Haut., 1 m. 28 cent.; larg., 1 m. 62 cent.

NATTIER (École de)

20 — *Portrait de jeune femme.*

A mi-corps, des fleurs des champs dans ses cheveux poudrés, vêtue de blanc et de bleu avec guirlande de bluets fixée sur l'épaule.

PEETERS (Bonaventure)

21 — *Marine ; tempête.*

REMBRANDT (École de)

22 — *L'Homme à la lettre.*

SCHUTZ

23 — *Les Bords du Rhin.*

> Deux pendants.

TERBURG (Attribué à G.)

24 — *Portrait de femme.*

> Vêtue de soie noire, les mains croisées à hauteur de la taille.

TROY (F. de)

25 — *Portrait d'homme.*

> Presque de face, perruque bouclée et poudrée, habit violet, gilet de brocart, jabot de dentelle. Beau cadre ancien en bois sculpté.

> Toile. Haut., 83 cent.; larg.. 66 cent.

26 — *Portrait de femme.*

> Représentée de trois quarts, poudrée, avec voilette de gaze fixée dans la coiffure, vêtue d'une robe bleue bordée de fourrure et d'une écharpe de satin mauve.
> Beau cadre ancien, bois sculpté.
> Pendant du précédent.

Toile, Haut., 83 cent.; larg., 66 cent.

ÉCOLE FRANÇAISE

27 — *Portrait présumé de M. de Jullienne.*

> Toile ovale.

28 — *Enfants moissonneurs.*

> Dessus de porte.

29 — *Pastorale.*

> En camaïeu bleu pour trumeau de glace.

30 — *L'Enfant à l'oiseau.*

31 — *Portrait de femme.*

> Époque Louis XV, robe de brocart et manteau bleu doublé d'hermine.

32 — *Portrait d'homme.*

> Habit rouge, manteau bleu, cravate de guipure.
> Toile ovale.

33 — *Deux natures mortes.*

> Fruits, huîtres, verres à vin, initiales P. D.

ÉCOLE HOLLANDAISE (xviiie siècle)

34 — *Portrait d'un jeune seigneur.*

> En pied, dans un parc, cueillant une rose.

ÉCOLE FLAMANDE

35 — *Seigneurs chevauchant dans la campagne.*

ÉCOLE DE SIENNE

36 — *Christ en croix, saint Jean et la Vierge.*

> **Fond doré.**

GOUACHES, PASTELS, DESSINS

37 — **Baur (Willem)**. Réunion de seigneurs en costume du temps de Louis XIII, sur la terrasse d'un palais, au bord de la mer. Très jolie gouache, signée en toutes lettres, dans un cadre plaqué d'écaille et à moulures de bois noir guilloché.

38 — **Caresme (Ph.)**. Scène flamande. Aquarelle signée et datée.

39 — **Boucher** (Genre de). Petit paysage. Gouache.

40 — **Holbein** (Attribué à). Portrait de Thomas Moore. Miniature très soignée sur vélin.

41 — **Langlois**. Deux petites gouaches : paysages.

42 — **Latour** (Attribué à). Portrait d'un officier. Pastel ovale.

43 — Environ vingt tableaux : pastels et dessins, seront vendus sous ce numéro.

44 — Lots de gravures anciennes.

LIVRES

45-47 — Cinq livres d'heures, manuscrits sur parchemin, avec miniatures ; lettres ornées.

48 — Les Délices de Versailles et des Maisons royales, en 200 pl. gravées par les Perelle, avec descriptions par Jombert. *Paris,* 1766. in-fol. relié.

49 — Heures nouvelles tirées de la Sainte Écriture, écrites et gravées par L. Senault, in-8° rel., maroq. doré au petit fer.

50 — Ovidii opera. *Barbou,* 1762, 3 vol. pet. in-8°, avec fig. d'Eisen. — Catullus, Tibullus et Propertius. *Barbou*, 1764.

51 — Œuvres de Racine, avec Commentaires, par Luneau de Boijermain, 1769. — Horae diurnae breviarii romani. Antverpiae, 1730. — L'Iliade et l'Odyssée d'Homère, avec remarques de Mme Dacier, 1766. — Erreurs populaires, par Joubert, 1579. — Satyre contre les charlatans, 1610. — Étymologicon linguae latinae, apud Ludovicum et Danielem Elzevirios, 1612. — Une Bible. — Un Herbier.

BIJOUX, ÉMAUX, MINIATURES

OBJETS DE VITRINE

52 — Camée, tête de Christ, de profil, en jaspe sanguin, dans un cadre en or à belière.

53 — Boite rectangulaire en or émaillé en plein, fond lilas, offrant au couvercle un sujet tiré de la *Jérusalem délivrée*. Travail de Genève. Écrin en galuchat.

54 — Montre Louis XVI, de *Lépine, à Paris*, en or de couleur ciselé, à cordon de feuillages et festons de fleurs avec peinture sur émail : buste de femme ; entourage et couronne royale en jargons.

55 — Montre Louis XV en or gravé et émaillé, à corbeille de fleurs.

56 — Montre Louis XVI en or de couleur ciselé, offrant sur la cuvette un motif d'attributs rustiques.

57 — Deux montres Louis XVI en or gravé et ciselé.

58 — Montre Louis XV, à figures et rocailles en cuivre doré, et trois grosses montres anciennes en cuivre.

59 — Miniature ovale sur ivoire : portrait présumé du duc de Choiseul Praslin, dans un cadre en or ciselé enrichi de pierres de couleurs, et formant broche.

60 — Miniature ovale sur ivoire : portrait de femme, la tête couverte d'un voile de dentelle, avec monture en or formant broche.

61 — Collier composé de camées coquilles, avec monture en or filigrané.

62 — Épingle de cravate, serpent et feuillage, or et roses.

63 — Miniature ovale à l'huile sur cuivre : portrait d'homme à longue perruque, rabat blanc et robe rouge.

64 — Miniature ronde peinte en grisaille sur ivoire : le Triomphe de l'Amour. Signature et date 1776.

65 — Miniature ovale d'après Van Dyck : portrait
de femme.

66 — Deux fixés ronds : paysages maritimes.

67 — Quatre miniatures : portraits, et une peinture
à l'huile : têtes de vieillards.

68 — Quatre miniatures sur vélin : rat et insectes,
attribués à Van Mind; trois sujets religieux du
XVIIe siècle.

69 — Paire de flambeaux en argent, à feuillages et
rinceaux en relief.

70 — Coupe plate et à deux anses, en émail de
Limoges, offrant, au fond, le sujet du Sacrifice
d'Abraham, et, au pourtour, des médaillons à
bustes de femmes représentant les Sens et les
Saisons. Au revers, un portrait de femme en
couleur et des médaillons : paysages et vases,
en émail blanc.

71 — Deux plaques, l'une ovale, à chimères et ornements émaillés bleu sur fond noir; l'autre
ronde, représentant un moine.

72 — Quatre salières en émail de Saxe, fond bleu à
rehauts d'or et médaillons à paysages.

73 — Plaque rectangulaire en émail de J. Laudin :
le Christ en croix, avec bordure de rinceaux
en relief émaillés blanc.

74 — Autre plaque : le Christ en croix et la Made-
leine.

75 — Plaque ovale en émail, de Laudin : Sainte
Catherine.

76 — Quatre plaques en émail : Saint Jérôme et
trois saints, avec encadrement de feuillages en
émail blanc.

77 — Plaque de N. Laudin : Saint Étienne ; autre
plaque représentant saint Antoine.

78 — Bourse ornée de deux plaques en émail de
Limoges à portraits : Louis XV et Marie Lec-
zinska, et une râpe à tabac à figure de pèlerine.

79 — Huit bagues anciennes, or, argent et pierres
de couleur.

**

80 — Miniature rectangulaire sur ivoire, signée des initiales *S. P.* : portrait d'enfant tenant un hochet, dans un cadre en or à cadenas et anneau.

81 — Tabatière Louis XVI de forme ovale, en or ciselé, à médaillons d'attributs et cordons de perles.

82 — Boîte ronde en or du temps de Louis XVI, à semis de pois et perlé en relief.

83 — Trois éventails Louis XVI à montures d'ivoire à ornements dorés.

84 — Deux colliers en or, dits esclavages, composés de chaînettes et de médaillons émaillés.

85 — Trois châtelaines Louis XV et Louis XVI, en cuivre ciselé et doré, et plusieurs clefs de montres anciennes.

86 — Petite croix ancienne en or.

87 — Couteau ancien à manche de nacre, ayant la forme d'une jambe dont le pied est chaussé d'une bottine en bas or.

88 — Deux boîtes Louis XVI, de forme ovale, en
argent gravé.

89 — Boîte oblongue Louis XVI, argent ciselé à
trophées et cordons de feuilles d'or, en relief.

90 — Tabatière argent niellé et boîte Louis XV
argent gravé.

91 — Paire d'éperons avec chaînettes, en argent.

92 — Plusieurs paires de boucles de souliers et
d'agrafes en argent; boucles en doublé d'or sur
argent.

93 — Plusieurs paires de boucles, plaques de ceinture, crochets, etc., stras et argent.

94 — Trois pièces argent : passe-lacet, étui en argent étampé, et porte-bonheur en filigrane de
Gênes.

95 — Boîte rectangulaire en émail de Bettersea,
fond blanc à décor de paons, en relief, dorés et
relevés d'émail bleu; monture argent.

96 — Deux boîtes montées en argent; l'une, formée d'un oiseau en émail de Saxe; l'autre, formée d'un porc en porcelaine tendre.

97 — Boîte de forme contournée, en porcelaine
gaufrée, à décor de figures en camaïeu rose et
de paysages en couleur

98 — Trois boîtes : l'une ovale, l'autre contournée,
en écaille brune, incrustées d'argent; la troi-
sième, de Brunswick.

99 — Peigne en diadème du temps de Napoléon Ier,
à galerie en or enrichie de topazes, les dents en
argent.

100 — Peigne de même époque, argent doré et
perles fausses.

101 — Quêteuse en velours grenat, brodée en argent, aux armes de France.

102 — Gant en peau imprimée du temps de Louis XVI,
offrant sur le dos de la main les profils conju-
gués du roi, de la reine et de Louis XVII.

103 — Quatre cachets-breloques, épingle corail, intailles, etc.

104 — Quatre pièces en ivoire sculpté et gravé : étui cylindrique, boussole, tabatière, boîte plate et ovale.

105 — Boîte à mouches en ivoire, avec médaillon-buste en nacre sculptée rapportée sur le couvercle ; monture en vermeil.

106 — Boîte ronde en écaille, offrant sur le couvercle une miniature : attributs de l'Amour, encadrée d'une guirlande en incrustation d'or.

107 — Étui Louis XV, nacre à festons gravés et dorés, monture argent, et un flacon à odeurs en verre rose dans un revêtement d'argent gravé et découpé à jour.

108 — Boîte rectangulaire, en porcelaine émaillée blanc et jaune, à décor chinois, avec monture en cuivre doré.

109 — Bas-relief circulaire en bronze : Offrande à l'Amour. Époque Louis XVI.

110 — Médaille en bronze, de *Dupré 1624* : buste de Marie de Médicis.

111 — Trois pièces : rondelle en bronze de la Renaissance, à mufle de lion, plaque en cuivre champlevé, bossette en émail champlevé.

112 — Neuf pièces : trois sceaux, un cachet, une bague à chaton fleurdelisé, une épingle antique, un triptyque gréco-russe, une rosace en cuivre doré et émaillé, un fragment d'agrafe du XIIIe siècle.

113 — Médaillon en cire rose : portrait de Marmontel, cadre en cuivre.

114 — Râpe à tabac, en ivoire sculpté du XVIIIe siècle, à décor de coquilles et médaillon représentant un jeune pèlerin.

115 — Trois pièces : coquille nacre gravée ; diptyque reliquaire cartonnage, paillettes et fils dorés ; boîte ovale en agate arborisée.

116 — Deux boîtes ovales, l'une en cuivre gravé, d'origine hollandaise ; l'autre en cristal à pointes de diamant.

117 — Plusieurs petits bronzes : lampe, figurine de Saint Michel, chaînettes, croix, sonnette, un bénitier en étain, etc.

OBJETS VARIÉS, ARMES

118 — Croix processionnelle du xvie siècle, composée de feuilles de cuivre étampées et clouées sur une forme de bois ; la douille en bronze est surmontée d'un nœud sphérique à moulure médiane.

119 — Châsse en forme de grange, en cuivre champlevé gravé et émaillé, à décor de figures d'anges et de rosaces. xiiie siècle.
A figuré à l'Exposition universelle de 1878.

120 — Coffret gothique, revêtu d'un réseau de fer ajouré.

121 — Coffret Louis XIII en fer, à couvercle cintré.

122 — Petit bassin en cuivre.

123 — Chaufferette orientale en cuivre, carrée, à anse surélevée et à couvercle repercé à jour.

124 — Épée du temps de Louis XV, à poignée en
argent, décorée de figures de guerriers et d'es-
claves, de trophées d'armes et de rocailles.

125 — Couteau de chasse Louis XV, lame bleuie à
ornements dorés, poignée ivoire avec quillons
d'argent ciselé, frette et bouterolle du fourreau
en argent, à décor de trophées de chasse.

126 — Paire de pistolets à fûts, garnis et incrustés
d'argent avec blason.

127 — Paire de petits pistolets, à pommeau garni
d'argent, en forme de tête d'oiseau.

128 — Paire de pistolets à pierre, avec garniture
en cuivre doré.

129 — Dix pièces, épée Louis XIV, à poignée in-
crustée d'argent, couteau de chasse, sabre turc
à lame damasquinée d'or, sabres de cava-
lerie, etc.

130 — Deux miroirs à main, en métal du Japon.

131 — Petit plat gothique, cuivre repoussé et
gravé.

132 — Trois mortiers en bronze.

133 — Lot de clefs anciennes.

134 — Potence d'enseigne, en fer forgé, à feuilles et enroulements. Époque Louis XIV.

135 — Bras de mur, à tige pliante, en fer forgé et à deux lumières.

136 — Carafe et gobelet en verre, à facettes à ornements dorés et guirlandes de fleurs émaillées à froid.

137 — Deux écrins du XVIIe siècle, en cuir doré au fer; un autre en cuir clouté de cuivre.

PORCELAINES

138 — Deux chimères, en ancienne porcelaine de Chine de la famille verte, décorées en émaux de couleur; elles sont assises sur des socles rectangulaires, fond vert marbré à réserves de fleurs.

Haut., 45 cent,

***

139 — Garniture de trois vases, en porcelaine de
Sèvres, pâte dure, fond vert, médaillons à fleurs,
guirlandes et ornements dorés.

140 — Écuelle à couvercle et plateau, en porcelaine de Clignancourt (fabrique dite de Mon-
sieur); à décor en dorure, guirlandes et rinceaux.

141 — Vingt assiettes plates et douze creuses, en
même porcelaine, à jetées de fleurs.

142 — Tasse et soucoupe en porcelaine de Sèvres,
pâte tendre gaufrée à dents de loup en dorure.

143 — Quatre petits pots côtelés en spirale, en porcelaine tendre de Mennecy-Villeroy, décor à
fleurs avec couvercles surmontés de fraises.

144 — Vide-poche, composé d'une tasse en laque
portée par des branchages peints et d'une chi-
mère en [blanc de Chine, sur socle rocaille en
bronze doré.

145 — Porte-montre rocaille en bronze, avec branchages peints et fleurs en porcelaine.

146 — Saladier décagone, en Saxe, décor polychrome à bouquets et guirlandes, bord plat avec
hachures bleues.

147 — Bol à bord festonné, en vieux Japon, décoré
en bleu, rouge, or et vert.

148 — Douze assiettes en Saxe, gaufrées, décor à
fleurs et imbrications roses.

149 — Huilier-plateau en Saxe, avec porte-burettes
à feuillages en cuivre doré.

150 — Trois petites potiches en vieux Japon.

151 — Groupe en biscuit et six figurines fracturées,
en vieux Saxe.

152 — Soucoupe vieux Sèvres, pâte tendre, médaillon oiseaux et fond gros bleu.

153 — Compotier en vieux Chine, décor à vases et
branches fleuries en émaux de couleur rehaussés
d'or.

154 — Douze assiettes vieux Japon, décor bleu,
rouge et or.

155 — Trois compotiers à bouquets de chrysan-
thèmes et de pivoines en émaux de couleur avec
rehauts d'or ; les marlis sont ajourés.

156 à 161 — Quatre-vingt-quatre assiettes en porcelaine de l'Inde, de six modèles et de décors
variés.

162 — Bol et assiettes variés, en porcelaine de
l'Inde.

163 — Sous ce numéro diverses porcelaines fran-
çaises et étrangères.

FAIENCES, TERRES ÉMAILLÉES

164 — Huilier en faïence de Rouen, décoré en bleu
et rouge.

165 — Assiette en Rouen, à décor polychrome. Au
fond, une corbeille de fleurs ; au marli, feston
de fleurs et de grenades sur fond bleu.

166 — Assiette de Sinceny, décor polychrome à
fleurs et à kiosques chinois.

167 — Trois assiettes en Delft, polychromes, à vases de fleurs.

168 — Trois plats longs et plusieurs assiettes en faïence de Moustiers décorée en camaïeu.

169 — Deux assiettes en faïence de Strasbourg, à bouquets, avec marli ajouré en vannerie et rehaussé de roses.

170 — Trois plats ronds et un plat long en Stras-bourg, à figures chinoises et fleurs.

171 — Six assiettes à figures chinoises et bordure de hachures roses.

172 — Cinq plats longs en Strasbourg, à décor de roses.

173 — Plats et assiettes en Delft, décorés en bleu.

174 — Soupière avec plateau, en faïence du Maroc, et un vase même faïence.

175 — Porte-montre à rocailles et figurine en faïence allemande.

176 — Plat en Delft polychrome, à corbeille de fleurs.

177 — Deux plats côtelés en Delft, décorés en bleu.

178 — Soupière rocaille couverte et son plateau, en faïence de Strasbourg à décor de bouquets. Le couvercle est surmonté d'un groupe de légumes.

179 — Plat ovale en terre émaillée de Palissy : le Baptême du Christ.

180 — Deux plats ovales à salières, émaux jaspées.

181 à 183 — Trois plats ovales en terre émaillée, à poissons et reptiles, dont un a été attribué à Conrad de Nevers.

184 — Coupe à bord ondulé, décor à mascarons et guirlandes.

185 — Dauphin en terre émaillée.

186 — Porte-montre en terre émaillée, en forme de grotte rustique.

187 — Deux cruches en grès de Flandre.

188 — Lot de poteries.

189 — Assiettes et compotiers en faïence française,
variés de décor, etc.

SCULPTURES

190 — Beau devant de coffre en bois sculpté, du
xve siècle, d'une élégante ornementation qui
consiste en une arcature gothique, à arceaux en
accolade, et fines colonnettes avec délicates ner-
vures, roses, fleurons, fleurs de lis et trèfles,
dans l'entre-colonnement. Au milieu du panneau, est un écusson chiffré; au-dessus des
arceaux, se voit une seconde rangée d'ar-
cades à pleins cintres, de deux dimensions
alternées, les moins larges contenant des figures
de saints personnages tenant des banderoles,
les autres occupées par des trèfles et des
graines.

Haut., 42 cent.; larg., 85 cent.

191 — Christ en bois sculpté. Belle sculpture de
l'époque Louis XIV.

Haut., 60 cent.

192 — Ivoire. Statuette de la Vierge Marie, debout, les regards tournés vers le ciel. Sculpture du xviie siècle.

A figuré à l'Exposition universelle de 1878.

193 — Ivoire. Figurine de baigneuse, sur socle à gorge en bois et ivoire. Époque Louis XV.

194 — Albatre. Statuette d'enfant couché et endormi.

195 — Bronze. Figure de Muse, sur piédestal en marbre vert de mer.

196 — Quatre statuettes religieuses, ivoire, bois, plâtre, et une statuette de petite fille en composition.

197 — Cadre en bois sculpté et doré, du temps de Louis XIV, à coquilles et fleurons, contenant une glace gravée.

198 — Cadre de l'époque Louis XIV, en bois sculpté, à fleurons et entrelacs; il est couronné d'un fronton orné d'un trophée d'armes, de feuillages et d'enroulements.

199 — Panneau en chêne sculpté : Adam et Ève, sculptés en bas-relief et placés sous une arcade.

200 — Bas-relief en chêne sculpté du xvᵉ siècle :
homme jouant du flageolet et femme agenouillée
frappant sur un tambourin.

201 — Bas-relief circulaire de même époque : per-
sonnage tenant une corne d'abondance.

202 — Bas-relief du xvᵉ siècle : deux anges tenant
une banderole.

203 — Écu armorié.

204 — Console cul-de-lampe, en chêne sculpté, à
feuilles gothiques.

PENDULES

BRONZES D'AMEUBLEMENT

205 — Grande pendule du temps de Louis XIV et
sa console-applique en marqueterie de cuivre
sur écaille, richement garnie de bronzes. Elle
est surmontée d'une statuette de Minerve et
ornée à sa base d'un bas-relief . les Parques. Le
socle est décoré de mascarons.
A figuré à l'Exposition rétrospective de 1867.

206 — Grande pendule Louis XIV et son support
d'applique, garnis de cuivres, cariatides, Apollon sur son char, volutes, etc. Elle est surmontée d'une statuette de la Renommée.

207 — Grande pendule Louis XV et son support
d'applique, décorés de fleurs peintes sur fond
vert et garnis de cuivre rocaille.

208 — Grande pendule Louis XIV et son support
d'applique en marqueterie de cuivre sur écaille,
garnis de bronzes. Elle est surmontée d'une
figurine d'enfant tenant un oiseau.

209 — Cartel Louis XVI, modèle à vase, guirlandes
de laurier et mascaron.

210 — Petit lustre Louis XIV, garni de cristaux
de Bohême.

211 — Paire de girandoles Louis XVI, cannelées et
à trois branches porte-lumières, en cuivre
argenté.

212 — Paire de flambeaux Louis XV, en cuivre
argenté.

213 — Hanap en forme de casque, cuivre argenté.

214 — Paire de flambeaux anciens.

215 — Plateau de surtout Louis XV, à bords contournés, cuivre argenté, en trois parties.

216 — Écran en bronze, en forme de paon, dont la queue est faite de véritables plumes de cet oiseau.

217 — Paire d'appliques à deux lumières, en bronze, du temps de Louis XVI.

218 — Paire d'appliques Louis XV, à deux lumières.

219 — Grand plat rond, à bords contournés, de l'époque Louis XV.

220 — Deux paires de chenets Louis XIII, en cuivre, à boules et mascarons.

221 — Deux chenets Louis XVI, modèle à brûle-parfums, draperies, trophées d'armes et pieds cannelés.

222 — Deux chenets Louis XVI, modèle à vases, attributs et guirlandes.

MEUBLES ANCIENS

223 — Cabinet en laque, fond noir, à décor de paysage, d'arbustes, d'oiseaux, de fleurs et de quadrillés, en dorure et incrustation de burgau. Il repose sur quatre pieds tordus en spirale.

224 — Coffre Louis XIII, à moulures guillochées, avec serrure en fer du temps. Support à montants et traverses tordues en spirale.

225 — Crédence Louis XIII, à deux vantaux et deux tiroirs, décorée de rinceaux et de feuillages. Table-support à pieds tors.

226 — Meuble-crédence, les portes à mascarons et sphinx, les montants formés de pilastres. Support à pieds tors.

227 — Autre en bois sculpté, à décor de figures et de rinceaux. Support à pieds tors.

228 — Écran ancien, en noyer, tendu en tapisserie au point, à sujet flamand, oiseau et fleurs, sur fond noir.

229 — Coffre recouvert de tapisserie au point de l'époque Louis XIII.

230 — Console Louis XVI, en chêne sculpté, à ceinture ajourée, sous laquelle sont suspendues des guirlandes. Pieds reliés par une traverse supportant un vase.

231 — Chaise à dossier élevé, foncée de canne.

232 — Console Louis XV, en bois sculpté et doré.

233 — Petite commode Louis XVI, à trois tiroirs, en bois rose et bois satiné.

234 — Table de nuit, de forme ovale, en bois rose et marqueterie, à dessus en marbre blanc avec galerie en cuivre.

235 — Miroir Louis XIII, à fronton, cadre de bois noir garni d'ornements en cuivre étampé.

236 — Cadre de miroir Louis XIII, de forme octogone, en cuivre étampé et doré, surmonté d'un couronnement à mascarons et figures d'enfants.

237 — Miroir Louis XV, avec cadre en bois sculpté et doré, avec glaces dans l'entre-deux.

238 — Panneau d'applique, pour pendule, avec pentes de fruits et encadrement de rocailles sculptés et dorés.

SIÈGES COUVERTS EN TAPISSERIE

ET SIÈGES VARIÉS

239 — Cinq fauteuils du temps de Louis XV, en noyer sculpté, à fleurs, rocailles et rinceaux, recouverts en tapisserie du temps, offrant, aux dossiers, des sujets des Fables de La Fontaine encadrés de rinceaux et de fleurs sur fond jaune et représentant, sur les sièges, des médaillons à paysages avec encadrements analogues à ceux des dossiers.

240 — Canapé Louis XV, en noyer sculpté et ciré, recouvert en étoffe brochée à fleurs.

241 — Bergère Louis XVI, en bois peint, recouverte en tapisserie de l'époque, à médaillons, figure de villageoise et sujet d'animaux.

242 — Petit canapé Louis XVI, dit causeuse, en noyer ciré, recouvert en soie blanche brochée à fleurs.

243 — Canapé Louis XVI, en bois peint, recouvert d'ancienne tapisserie. Au dossier, médaillon, scène enfantine avec entourage de festons de fleurs sur fond jaune. Au siège, médaillon d'animaux entouré de guirlandes de fleurs.

244 — Trois petits fauteuils, en noyer ciré, du temps de Louis XV, recouverts en tapisserie à bouquets de fleurs sur fond jaune.

245 — Fauteuil Louis XVI, en bois peint, à dossier ovale, recouvert en tapisserie de l'époque, représentant, au dossier, un Joueur de cornemuse et, sur le siège, le Renard et la Cigogne.

246 — Deux fauteuils Louis XV, en bois doré, recouverts en tapisserie au point, à décor de paysages maritimes.

247 — Bois de chaise longue, en noyer sculpté, à décor de coquilles et de rinceaux. Époque Louis XIV.

248 — Fauteuil Louis XVI, à montants formés de colonnettes cannelées.

249 — Deux petits canapés Louis XVI, peints en blanc et couverts en velours jaune d'Utrecht.

TAPISSERIES ANCIENNES

ÉTOFFES

Suite de trois belles tapisseries du temps de Louis XIV, représentant des paysages animés de petits personnages, dans la manière de *F. Vander Meulen*, et offrant, dans les lointains, des vues de châteaux.

250 — Grande tapisserie, en largeur, offrant, au premier plan d'un site boisé, un seigneur et une dame, somptueusement vêtus, suivis d'un nègre tenant un parasol et précédés de deux musiciens. Derrière eux, marche une suivante, portant un panier, et, plus loin, un page conduisant deux chevaux par la bride. D'autres figures : cavaliers, bergers, paysans, chasseurs, animent les différents plans du paysage. La bordure, à fond noir, se compose de gracieux motifs à corbeilles de fruits, fleurons, coquilles et rinceaux fleuris.

A figuré à l'Exposition universelle de 1878.

Haut., 2 m. 60 cent.; larg., 4 m. 05 cent.

251 — Tapisserie en largeur de la même suite que la précédente, représentant un paysage boisé, avec parc et vue de ville dans l'éloignement. Sur

le premier plan, à droite, deux officiers à cheval ;
à gauche, un cavalier en habit bleu causant avec
un piéton vêtu de rouge et portant un fusil sur
l'épaule. Bordure pareille à celle de la tapisserie
qui précède.

Haut., 2 m. 60 cent.; larg., 4 m. 10 cent.

252 — **Panneau en hauteur.** Des cavaliers et des
fantassins suivent un chemin qui serpente dans
la campagne, se dirigeant vers un château royal
assis sur des terrasses superposées. Bordure in-
complète. Le haut et le bas semblables aux bordures des tapisseries précédentes ; les montants
rapportés et d'un autre dessin.

Exposition rétrospective de 1867.

Haut., 2 m. 60 cent.; larg., 1 m. 80 cent.

253 — **Panneau en tapisserie des Gobelins**, de l'é-
poque Louis XVI, décoré, au centre, d'un car-
touche ailé au chiffre royal, surmontant deux
sceptres en sautoir ; en haut et en bas, de motifs
à coquilles, rinceaux et feuillages ; toute cette
ornementation ressort en ton jaune d'or sur un
champ bleu semé de fleurs de lis.

Haut., 2 m. 25 cent.; larg., 1 m. 57 cent.

Quatre beaux panneaux en tapisserie de l'époque Louis XV, représentant des scènes cham-
pêtres.

254 — La Marchande de plaisirs et la Balançoire. Bordure à moulures, décorée de losanges alternant avec des branches de fleurs. (Le montant gauche de cette bordure manque.)

Haut., 2 m. 35 cent.; larg., 2 m. 75 cent.

255 — La Main chaude. Bordure sur les quatre côtés.

Haut., 2 m. 35 cent.; larg., 1 m. 50 cent.

256 — Le Colin-Maillard. Bordure haut et bas.

Haut., 2 m. 40 cent ; larg., 1 m. 75 cent

257 — Le Repas des Villageois. Bordure en bas seulement.

Haut., 2 m. 28 cent.; larg., 1 m. 60 cent.

258 — Panneau étroit, représentant un paysage traversé par un cours d'eau, dans lequel se voit un dragon rehaussé de fils d'argent. Bordure à guirlandes de fleurs sur les côtés, cartel à paysage à la traverse supérieure, entre deux morceaux rapportés ; la traverse inférieure a été aussi rapportée.

Haut., 2 m. 60 cent.; larg., 1 m. 55 cent.

259 — Panneau étroit de l'époque Louis XIV, représentant Apollon et Daphné métamorphosée

en laurier. Jolie bordure à motifs de fleurs et de fruits avec oiseaux et lambrequins ressortant sur fond jaune.

Haut., 2 m. 75 cent.; larg., 1 m, 30 cent.

Suite de quatre tapisseries d'Aubusson de l'époque Louis XV, très décoratives et représentant des paysages accidentés, plantés d'arbustes en fleurs et traversés par des cours d'eau bordés de rochers, où se dressent des kiosques chinois. Les bordures sont formées d'un feston de fleurs et de feuilles.

260 — Renard saisissant un faisan. Jolie tapisserie portant la marque : « M. R. DAVBVSON. I. DORLIAC ».

Haut., 3 m. 20 cent.; larg., 4 m. 30 cent.

261 — Chien blanc en arrêt sur un faisan. Belle tapisserie, portant la marque : « I. DORLIAC. AVBVSSON ».

Haut., 3 m. 20 cent.; larg., 4 m. 30 cent.

262 — Héron dans l'eau et perroquets sur les arbres.

Haut., 3 m. 15 cent.; larg., 2 m. 90 cent.

263 — Oiseau huppé sur un rocher.

Haut., 3 m. 15 cent.; larg., 2 m. 50 cent.

264 — Tapisserie du XVIIe siècle, verdure et cygnes dans un étang. Bordure à festons de fleurs et de feuillages.

Haut., 2 m. 75 cent.; larg., 2 m. 90 cent.

Suite de quatre tapisseries de Felletin, à sujets de chasse et bordures à festons de fleurs.

265 — Grande tapisserie, en largeur : Chasse au cerf.

Haut., 2 m. 50 cent.; larg., 4 m. 95 cent.

266 — Chasse au cerf et Ronde villageoise. Celle-ci porte la marque : « M. R. DE F. F. CHASSAIGNE ».

Haut., 2 m. 55 cent.; larg., 5 mètres.

267 — Chasse au renard.

Haut., 2 m. 40 cent.; larg., 2 m. 85 cent.

268 — Panneau en hauteur : Chasseur chargeant son fusil. Marque : « M. R. D. F. M. MAVRO. C. H. ».

Haut., 2 m. 48 cent.; larg., 1 m. 75 cent.

269 — Bergère et son troupeau.

Haut., 2 m. 30 cent.; larg., 2 m. 70 cent.

270 — Petite tapisserie de Felletin : Joueur de cornemuse, bergère et cavalier.

Haut., 2 m. 40 cent.; larg., 2 m. 25 cent.

271 — Tapisserie : Paysage boisé avec cigognes sur le bord d'une rivière. Bordure composée d'une guirlande de fleurs et d'un double ruban ondulé, sur fond noir.

Haut., 2 m. 60 cent.; larg., 4 mètres.

272 — Tapisserie de Felletin, représentant une chasse au cerf, avec bordure formée d'une guirlande de fleurs.

Haut., 2 m. 85 cent.; larg., 4 m. 10 cent.

273 — Tapisserie : Paysage boisé, oiseaux et castel dans le lointain. Bordure à guirlande de fleurs.

Haut., 2 m. 70 cent.; larg., 2 m. 95 cent.

274 — Petite tapisserie d'Aubusson : Paysage avec chien dans l'eau, saisissant un canard. Bordure à figures, oiseaux et guirlande de fleurs et de grappes de raisin.

Haut., 2 m. 25 cent.; larg., 2 m. 10 cent.

275 — Petit panneau carré d'Aubusson : Groupe de quatre figures dans la campagne, chasseur, joueur de cornemuse et deux bergères. Bordure fond bleu à fleurs.

276 — Panneau étroit, fragment : Joueur de flûte et paysanne portant une corbeille.

277 — Tapisserie Renaissance, à personnages, avec bordure à figures allégoriques et guirlandes de fruits sur trois côtés, traverse supérieure et montants,

278 — Fragment de la même suite que la précédente, bordure en haut et sur le côté gauche.

279 — Tapisserie Renaissance, à nombreux petits personnages, cavaliers et amazones dans une forêt. Bordure à figures allégoriques, cariatides et motifs de fleurs sur trois côtés, traverse supérieure et montants.

280 — Fragment de tapisserie Renaissance, à sujet de chasse, bordure en haut et sur le côté droit.

281 — Fragment de tapisserie Renaissance, à personnages et bordure au côté droit.

282 — Tapisserie Renaissance, verdure et animaux ; bordure à figures allégoriques , corbeille , oiseaux, fruits, etc.

283 — Tapisserie de la même suite, représentant un combat de lions ; même bordure que la précédente.

284 — Fragment de tapisserie Louis XIII : Sonneurs de trompette et porteurs de torches ; bordure à guirlandes de fleurs, en haut et sur le côté gauche.

285 — Tapisserie du temps de Louis XIII, représentant Thomiris, reine des Scythes, faisant plonger la tête de Cyrus dans un vase de sang. Bordure à fleurs, avec parties rassorties.

286 — Tapisserie Louis XIII, à sujet tiré de l'histoire des rois de Juda. Bordure à fleurs et rinceaux.

287 — Tapisserie d'Aubusson : Ronde d'enfants dans un paysage.

Haut.. 2 m. 75 cent.; larg., 4 m. 80 cent.

288 — Tapisserie de la même suite : Enfants jouant au cheval fondu.

Haut., 2 m. 75 cent.; larg., 2 m. 18 cent.

— 48 —

Suite de trois tapisseries, verdures, paysages
avec châteaux, oiseaux, etc.

289 — Haut., 2 m. 80 cent.; larg., 4 m. 50 cent.

290 — Haut., 2 m. 80 cent.; larg., 3 m. 15 cent.

291 — Haut., 2 m. 95 cent., larg., 3 m. 10 cent.

292 — Tapisserie marquée d'un A et d'une fleur de
lis, représentant le Combat d'un lion et d'un
chien.

Haut., 2 m. 95 cent.; larg., 3 m. 25 cent.

293 — Dessus de porte d'Aubusson, représentant
trois femmes.

Haut., 1 m. 40 cent.; larg., 1 m. 10 cent.

294 — Trois belles bordures d'ancienne tapisserie,
à motifs de fruits et cariatides.

295 — Garniture en tapisserie du xviiiᵉ siècle, pour
meuble de salon, composé de : siège et dossier
de canapé, sièges et dossiers pour six fauteuils
et les quatorze manchettes ; le tout à motifs de
vases et guirlandes de fleurs sur fond blanc et
entourage verdâtre.

296 — Lot de huit morceaux en tapisserie du
xviiᵉ siècle, à bouquets de fleurs sur fond blanc.

297 — Trois morceaux en tapisserie du XVIIe siècle, à buisson de fleurs sur fond bleu.

298 — Siège et dossier en tapisserie du XVIIe siècle, à bouquet de fleurs sur fond jaune.

299 — Onze morceaux pour sièges, en tapisserie des XVIIe et XVIIIe siècles, de décors variés.

300 — Six carrés en tapisserie au point, à grosses fleurs et feuillages sur fond blanc.

301 — Neuf morceaux de tapisserie au point et au petit point, variés de décor, et deux manchettes.

302 — Devant d'autel du temps de Louis XIII, en broderie de perles de verre, à dessin de fleurs circonscrites par un cordonnet jaune et se détachant en blanc sur un fond bleu. Il est bordé d'un galon d'argent.

Haut., 88 cent.; larg., 2 m. 35 cent.

303 — Beau panneau Louis XIII, composé de bandes verticales à motifs de fleurs de fruits, d'oiseaux

et de papillons en broderies multicolores sur
fond en perles blanches de verre.

Haut., 80 cent.; larg., 1 m. 33 cent.

304 — Couvre-lit de beau lampas Louis XV, à
grosses palmes et festons de fleurs brochés, en
couleur sur fond jaune.

305 — Robe et jupe en soie blanche, damassée et
brochée à fleurs. Époque Louis XV.

306 — Cinq gilets du temps de Louis XV et de
Louis XVI, en soie brodée et soie brochée.

307 — Environ vingt morceaux de beau lampas
Louis XV.

308 — Jupe de soie brochée, Louis XVI, à raies et
festons de fleurs.

309 — Deux lambrequins en broderie de laine et de
soie au point de Hongrie, avec bord dentelé si-
mulant des draperies et des glands.

310 — Quatre tours de lits du XVIIᵉ siècle, en sou-
tache sur tissus de laine variés de couleur.

311 — Lambrequin de soie cerise, à dessin en cordonnet jaune et bordures en galons de soie de
même couleur.

312 à 314 — Six rideaux, napperons et tapis en
guipure, filet et carrés de toile brodés.

315 — Trois morceaux en toile imprimée bleu et un
morceau imprimé en couleur.

316 — Courtepointe, fond, et ciel de lit, en toile
brodée à bouquet de fleurs.

317 — Courtepointe, fond, ciel et tour de lit en
toile piquée et ornée d'un semis de fleurettes en
broderie.

318 — Couvre-lit, fond de lit et deux bandes en
toile piquée et brodée à dessin Louis XIII,
figures, oiseaux et fleurs.

319 — 3ᵐ,25 de belle frange multicolore du temps
de Louis XIV, à treillis ajouré, agrémenté de
rosaces et bordé d'un effilé à gros glands.

320 — 2ᵐ,10 de belle frange grise de même époque,
à treillis, agrémenté de houppettes et bordé
d'un effilé.

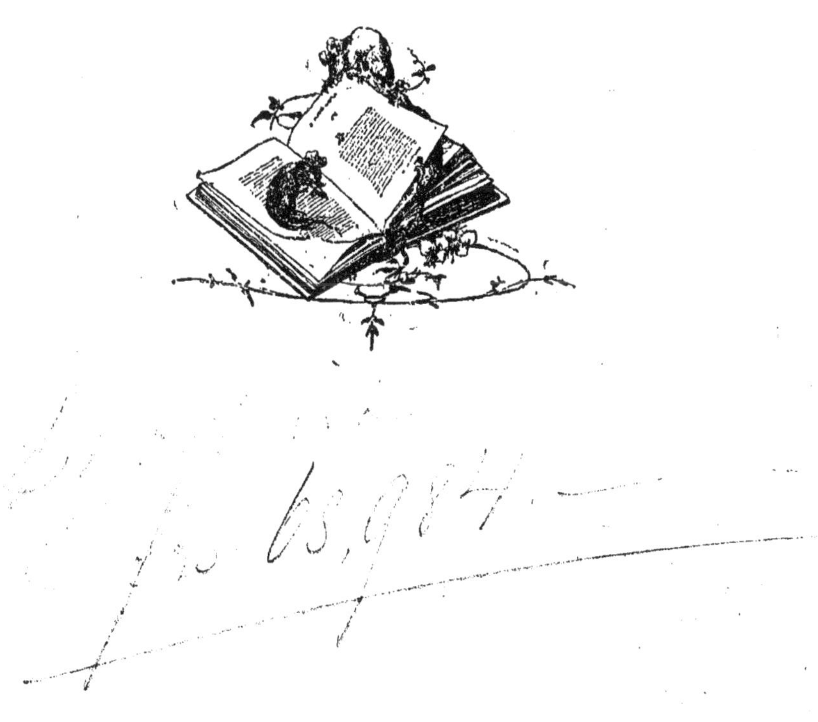

9 782329 542942